UNE

AMBASSADE AU MAROC

EN 1767

DOCUMENTS INÉDITS RECUEILLIS ET ANNOTÉS

PAR

J. BAUDRY

MEMBRE DE LA SOCIÉTÉ ARCHÉOLOGIQUE DE NANTES
ET DE LA LOIRE-INFÉRIEURE

———

(Extrait de la *Revue des questions historiques*. — Juillet 1906.)

———

PARIS

AUX BUREAUX DE LA REVUE

5, RUE SAINT-SIMON, 5

—

1906

UNE

AMBASSADE AU MAROC

EN 1767

DOCUMENTS INÉDITS RECUEILLIS ET ANNOTÉS

PAR

J. BAUDRY

MEMBRE DE LA SOCIÉTÉ ARCHÉOLOGIQUE DE NANTES
ET DE LA LOIRE-INFÉRIEURE

(Extrait de la *Revue des questions historiques*. — Juillet 1906.)

PARIS

AUX BUREAUX DE LA REVUE

5, RUE SAINT-SIMON, 5

—

1906

AMBASSADE AU MAROC EN 1767

DOCUMENTS INÉDITS

APERÇU HISTORIQUE

Le Maroc, pays fermé, plein de mystère encore pour la vieille Europe, bien qu'il surveille, pour ainsi dire, une de ses portes, le *Maroc* ou *Rorb*, ou *Maghreb-el-Aksa*, était tout récemment à l'ordre du jour. Il mérite vraiment de notre part quelque sollicitude. Dès le moyen âge, Marseille avait avec lui d'excellentes relations commerciales. En 1577, Henri III y envoya un consul et un explorateur. En 1629 et 1630, Richelieu y dirigea deux expéditions maritimes, sous le commandement de M. de Razilli, chevalier de Malte, qui signa un traité de commerce avec la ville de Salé. En 1666, le Marseillais Roland Fréjus sut gagner l'amitié du sultan Mouley-Archid et l'amena à une alliance avec Louis XIV.

Dès lors, les ambassades se succèdent entre la France et le Maroc et les relations deviennent d'une telle cordialité qu'un sultan, Mouley-Ismaël, ose demander en mariage la princesse de Conti, fille de Louis XIV et de Mlle de La Vallière, dont la main lui est d'ailleurs poliment refusée.

Il y eut ensuite quelques alternatives, plus ou moins favorables, dans les relations des deux nations, au cours du xviiie siècle.

Le 7 avril 1767, partit du port de Brest le vaisseau du roi l'*Union*, commandé par le comte Haudeneau de Breugnon, capitaine de vaisseau, envoyé par le roi de France en ambassade extraordinaire vers l'empereur du Maroc. C'est le récit de cette campagne que nous offrons aujourd'hui à nos lecteurs. Nous le trouvons dans le manuscrit inédit du *Journal de bord de l'« Union, »* rédigé par Michel-Joachim du Bouexic de Guichen, garde de la marine, fils de l'illustre amiral comte de Guichen [1].

A cet intéressant document nous avons la bonne fortune de pouvoir joindre une pièce officielle : le *Précis du traité conclu au nom du Roi avec l'empereur du Maroc, et signé par M. le comte de Breugnon, capitaine de vaisseau et ambassadeur de Sa Majesté, le 28 mai 1767* [2]. Ce document historique présente en ce moment un intérêt tout particulier.

Les clauses de ce traité furent fidèlement observées de part et d'autre et, en 1795, le consulat français fut transféré de Salé à Tanger. Puis vinrent les difficultés de 1844, le concours donné par le Maroc à Abd-el-Kader et la bataille d'Isly, suivie du traité de 1844 et de la convention de 1845. Ce que, peut-être, le succès de nos armes nous eût permis de faire alors, nous ne le pouvons plus aujourd'hui.

A l'heure présente, quatre nations ont les yeux fixés sur le Maroc : la France et l'Espagne, l'Angleterre et l'Allemagne. « Cet empire qui s'effondre, cette civilisation qui meurt, » selon l'expression d'un écrivain [3], ce Maroc, dont l'histoire est vieille de plus de dix-neuf cents ans, deviendra-t-il la proie mutilée de toutes ces nations rivales ? Sera-t-il seulement divisé entre la France et l'Espagne ? Ou bien, dans cette lutte de convoitise entre les deux nations les plus intéressées à la possession, ou tout au moins à la tutelle du Maroc, surviendra-t-il un *troisième larron ?*

Si les traditions de l'Espagne, depuis Charles-Quint, la poussent à diriger souvent ses regards de ce côté, l'intérêt supérieur

[1] Nous devons la bienveillante communication de ce manuscrit à l'amabilité de M. le comte de Lauzanne, descendant de l'amiral comte de Guichen, par la fille de celui-ci, Françoise-Félicité du Bouexic de Guichen, qui épousa, le 20 mai 1780, Toussaint-Joseph de Lauzanne, capitaine au régiment de Royal-Cavalerie.

[2] Archives de la Chambre de commerce de Nantes. C. 686 (Carton 22, cotes 1, 2).

[3] M. Arthur de Ganniers : *Le Maroc d'aujourd'hui, d'hier et de demain.*

de nos frontières algériennes nous commande impérieusement de ne pas le perdre de vue.

C'est ainsi que la France pourra espérer la réalisation de son rêve : l'unité de l'Afrique du nord, qui, entre ses mains, consacrerait la belle œuvre coloniale déjà accomplie en Algérie et en Tunisie.

EXTRAIT DU JOURNAL DE BORD DE LA CAMPAGNE DU VAISSEAU DU ROY « L'UNION, » COMMANDÉ PAR M. DE BRUGNON [1], CAPITAINE DES VAISSEAUX DU ROY, ALLANT AMBASSADEUR EXTRAORDINAIRE AUPRÈS DE L'EMPEREUR DU MAROC. — AVRIL-JUILLET 1767.

« L'*Union* est de 64 canons et 450 hommes d'équipage. L'escadre comprend en outre : la *Sincère*, commandée par M. le comte de Durfort, capitaine de frégate ; la *Lunette*, chaloupe canonnière, commandée par M. de Kersaint [2], enseigne des vaisseaux du Roy.

[1] M. de Brugnon. Le personnage ici désigné est *Pierre-Claude Handeneau*, comte *de Breugnon*, fils de Charles-Joseph et de Marie-Pauline Oriot, dame de Coatamour. Pierre-Claude Handeneau, de Breugnon, alors chef d'escadre, devint en 1779 lieutenant général des armées navales, et grand-croix de Saint-Louis en 1784. Il avait épousé Mlle de Saint-Sauveur dont il n'eut pas d'enfants. Ils habitaient Morlaix, mais le comte mourut à Paris.

[2] M. de Kersaint. *Armand-Guy-Simon de Coëtnempren*, comte *de Kersaint*, fils du vaillant chef d'escadre de ce nom, naquit à Paris, le 20 juillet 1742, au cours d'un voyage que son père et sa mère firent dans cette ville, et débuta fort jeune dans la marine, à côté de son père, à bord de l'*Intrépide*. Garde de la marine à l'âge de quinze ans, il devint, deux ans plus tard, enseigne de vaisseau.

Il venait de passer quelques années aux Antilles. quand il reçut le commandement de la *Lunette* dans l'escadre de M. de Breugnon, envoyé pour faire la paix avec le Maroc. Le comte de Kersaint retourna ensuite aux Antilles, comme lieutenant de vaisseau (1770), et y épousa demoiselle Claire Dalesso d'Esragny (1771), dont il eut une fille unique, née à Brest (1777), plus tard mariée au duc de Duras. Devenu, en 1782, capitaine de vaisseau, il pénétra avec une division navale dans la rivière de Surinam et s'empara des établissements anglais.

En 1789, il se jeta avec ardeur dans le mouvement révolutionnaire et présenta à l'Assemblée constituante un projet de réforme de la marine, où il proposait la substitution du système de la « presse » à celui des classes. Élu député de Paris à la Législative, il siégea sur les bancs de la Gironde et fut envoyé, après le 10 août, en mission à l'armée des Ardennes. Arrêté à Sedan, et bientôt remis en liberté, il devint ensuite député de Seine-et-Oise à la Convention et y combattit vigoureusement la Montagne, tout en se spécialisant dans les questions maritimes et de défense nationale.

Kersaint fut promu vice-amiral en 1793 (1er janvier), et démissionna avec

État-major de l' « Union »

M. de Brugnon [1], capitaine commandant ;
M. de la Tullaye [2], capitaine en second ;

Lieutenants des vaisseaux du roy

MM. de Balleroy, de Suffren [3], du Plessis-Parsceau [4], de Grieux,
de la Grandière [5], de Lusignan, du Frélay.

éclat après la condamnation du roi. Appelé à la barre, il se défendit énergiquement, refusa de reprendre son siège, et se retira à Ville-d'Avray. C'est là qu'il fut arrêté, quelques mois après, comme suspect, le 2 octobre 1793. Enfermé à l'Abbaye, il comparut devant le tribunal révolutionnaire, qui le condamna à mort. Il fut décapité au mois de décembre suivant (1793).

[1] M. de Brugnon. Lire *de Breugnon* (v. note 1).

[2] M. de la Tullaye. *Anne-Salomon-Louis de la Tullaye*, capitaine de vaisseau en 1786, contre-amiral en 1816, mort en 1821, est peut-être le personnage ici désigné.

[3] M. de Suffren. *Paul-André de Suffren de Saint-Tropez*, souvent nommé le *Bailli de Suffren*, naquit au château de Saint-Cannal, près Lambesc (Bouches-du-Rhône), en 1726, et mourut à Paris en 1788. Entré dans l'ordre de Malte, il débuta comme garde-marine en 1743 et devint enseigne de vaisseau en 1748. Il fut fait prisonnier par les Anglais au combat de Belle-Isle, puis libéré par le traité d'Aix-la-Chapelle, il continua de combattre pour l'ordre de Malte jusqu'en 1754, prit du service dans la marine royale lors de la guerre de Sept ans, fit partie de l'escadre de la Galissonnière qui appuya le siège de Mahon (1756), et devint enfin capitaine de frégate en 1767. Capitaine de vaisseau en 1772, il se distingua ensuite particulièrement contre les Anglais en plusieurs rencontres qu'il serait trop long d'énumérer ici et qui sont connues de tous, particulièrement durant la guerre d'Amérique, de 1781 à 1783.

Après la signature du traité de Versailles (1783), Suffren, à son retour en France, fut comblé d'honneurs. Mais il ne jouit pas longtemps de sa gloire, car il mourut quelques années après, vraisemblablement tué en duel. Il était bailli dans l'ordre de Malte, vice-amiral et chevalier des ordres du roi depuis 1784.

[4] *M. du Plessis-Parscau* devint chef d'escadre en 1784. Il avait épousé demoiselle Buisson de la Vigne, sœur de la femme de Chateaubriand.

[5] M. de la Grandière. *Charles-Marie*, comte *de la Grandière*, seigneur du Boisgaultier, naquit à Brest le 17 février 1729, et entra dans la marine dès l'âge de douze ans, comme volontaire. Il devint lieutenant de vaisseau en 1757, brigadier des armées navales en 1781, chef d'escadre le 21 août 1784. Il comptait alors quarante-trois ans de service, dont vingt-huit à la mer, et avait commandé deux frégates et quatre vaisseaux. Durant cette longue carrière, il avait assisté à onze combats, dont sept en qualité de commandant, parmi lesquels le combat d'Ouessant, sur le vaisseau *l'Indien*. Charles-Marie de la Grandière avait épousé à Morlaix, le 4 février 1760, demoiselle Françoise-Paule le Ménihy du Rumain, qui mourut en cette ville en 1782

Membre de l'Association de Cincinnatus, grand-croix de Saint-Louis en

Enseignes de vaisseaux

MM. de Trémergal [1], de Kerolvet, de Gourmont, de Vigni, de Monti, de Montagu, de Kerpoisson, de Blenac.

Gardes de la marine

MM. de Kermorvan, de Fournier, de Goyon [2], de Calonne, de Hambour, de Saint-Pierre [3], de Guichen [4], de Kerhorlay [5], de

1785, commandant de la marine à Brest en 1791, le comte de la Grandière se retira ensuite à Rennes, où il mourut le 28 mars 1812.

[1] M. de Trémergal. Le rédacteur du *Journal de bord* ayant estropié beaucoup de noms, nous croyons qu'il s'agit ici d'un *Geslin de Trémargat*, peut-être celui que Chateaubriand désigne dans ces lignes des *Mémoires d'outre-tombe* : « Le marquis de Trémargat, officier de marine à la jambe de bois, faisait beaucoup d'ennemis à son ordre (1788).... »

[2] M. de Goyon. Probablement *de Gouyon de Vaucouleurs, François-Jean-Gervais*, officier de marine, qui, émigré pendant la Révolution, débarqua dans la baie de Roteneuf, le 21 juin 1808, avec l'intention de soulever les départements de l'Ouest en faveur de la cause royaliste. Il tomba dans les filets de la police impériale, fut traduit, le 28 septembre, devant une commission militaire assemblée à Rennes, et condamné à mort. Il marcha le lendemain au supplice avec beaucoup de courage.

[3] M. de Saint-Pierre. *Auguste-Bonable Méhérenc*, marquis *de Saint-Pierre*, naquit le 8 novembre 1741 au château de la Mollière, paroisse de Saint-Senoux. Il entra comme garde dans la marine et, durant la guerre de Sept ans, fit six campagnes sous les ordres de MM. de Perrier, Dubois de la Motte, de Boisgelin, de Conflans et de Blénac. Entre la paix de 1763 et la guerre de 1778, il fit cinq nouvelles campagnes et fut chargé de l'instruction des gardes de la marine, dont il était chef de brigade. Sa belle conduite durant la guerre d'Amérique lui valut de joindre la décoration de Cincinnatus à la croix de Saint-Louis qu'il possédait depuis 1776. En 1788, il fit partie de la députation que la noblesse des États de Bretagne envoya à Paris pour soutenir les droits de la province. Ayant émigré, après l'arrestation du roi à Varennes, il servit dans l'armée des princes, puis, après le licenciement de celle-ci, se réunit aux Français rassemblés à Jersey, où il dut, pour vivre, exercer le métier de jardinier. Rentré en France, en 1802, il trouva une partie de ses biens vendus, mais put cependant reprendre possession de son château du Bois de la Salle, où il se signala par sa bienfaisance, notamment durant la disette de 1816. Nommé, en 1823, contre-amiral honoraire, il mourut, en 1827, à Saint-Brieuc, où un grand concours de peuple accompagna ses obsèques.

[4] M. de Guichen. *Michel-Joachim du Bouexic de Guichen*, rédacteur de ce *Journal de bord*, était devenu lieutenant de vaisseau quand, en 1780, il eut la cuisse emportée par un boulet dans le combat livré par son père, l'amiral comte de Guichen, contre l'amiral anglais Rodney.

Michel-Joachim de Guichen mourut des suites de cette blessure, à l'hôpital de la Martinique.

[5] M. de Kerhorlay. Peut-être *du Vergier de Kerhorlay,* qui devint chef d'escadre en 1781 ?

Montluc [1], d'Youville, de Lauzanne [2], d'Huon [3], de Liéville, de Pennelé [4], des Cars [5].

Volontaires

MM. de Trogoff [6], de Boulouyn, Gaston, Monneraye, du Ro-

[1] M. de Montluc. Lire *de la Bourdonnaye de Montluc.*

[2] M. de Lauzanne. *Guy-René-Marie de Lauzanne*, né en 1750, mort en 1779, lieutenant de vaisseau.

[3] M. d'Huon. *Jean-Marie Huon de Kermadec*, fils de Jean-Guillaume et d'Anne Mescam de Mescaradec, naquit à Brest, le 12 septembre 1748, et mourut à la Nouvelle-Calédonie, le 6 mai 1793, capitaine de vaisseau et chevalier de Saint-Louis. Ainsi que le dit l'inscription gravée sur son tombeau : *Sa mémoire est chère à la marine française.*

Garde de la marine en 1766, il devint enseigne en 1778 et se signala au combat d'Ouessant, à la prise de Grenade, puis au siège de Savannah en 1779. Il était alors lieutenant de vaisseau. Il prit part anx combats livrés par l'escadre de l'amiral de Lamotte-Picquet à l'amiral anglais Hyde-Parker, les 20 et 21 mars 1780. Reçu chevalier de Saint-Louis à son retour de Saint-Domingue en 1781, il partit en 1785, avec le grade de major de vaisseau, sur le vaisseau de cinquante canons *la Résolution*, sous les ordres de Bruny d'Entrecasteaux, nommé au commandement de la station des Indes Orientales. Huon de Kermadec commanda ensuite *l'Espérance*, l'une des frégates envoyées, en 1791, à la recherche de l'infortuné La Pérouse, et succomba aux fatigues de cette expédition, le 6 mai 1793, dans la baie de Balade (Nouvelle-Calédonie). Ses restes furent inhumés dans la petite île de Pudyona, avec les honneurs religieux et militaires, que lui rendirent tous les aumôniers et les équipages de l'expédition.

[4] M. de Pennelé. *Toussaint-Marie-Jacques le Bihan*, comte *de Pennelé*, était, en 1784, enseigne des vaisseaux du Roi et habitait Morlaix, retiré, pensons-nous, de la marine. Il était fils de Jacques-Claude-Toussaint le Bihan et de demoiselle de Coetlosquet, et avait épousé, en 1775, à Saint-Pol-de-Léon, demoiselle Marguerite-Adélaïde de Poulpiquet.

[5] M. des Cars. Le *baron des Cars* commandait le vaisseau *le Glorieux* et combattit vaillamment au funeste combat de la Dominique, gagné, le 12 avril 1782, par l'amiral Rodney sur le comte de Grasse. Des Cars y fut tué, ce même jour, à neuf heures du matin, et remplacé au commandement de son vaisseau par Jean-Honoré de Trogoff (Voir la note suivante).

[6] M. de Trogoff. *Jean-Honoré de Trogoff de Kerlessy* naquit à Lanmeur, près de Morlaix, le 5 mai 1751. Il fut nommé garde de la marine en 1767 et enseigne de vaisseau en 1773, et embarqua, en cette qualité, sur le *Roland*, commandé par Kerguelen. Commandant ensuite à Saint-Domingue le brigantin *le Victor*, il enleva à l'abordage un corsaire anglais et fut, à cette occasion, élevé, en 1779, au grade de lieutenant de vaisseau. Fait prisonnier au combat de la Dominique, le 12 avril 1782, avec le comte de Grasse, il reçut, en prison, le brevet de chevalier de Saint-Louis en récompense de sa belle conduite en cette funeste journée.

Devenu, en 1784, capitaine de vaisseau, il passa quelques années à Saint-Domingue, et y retourna, en 1791, avec des troupes destinées à apaiser la révolte des nègres de cette colonie. Rentré à Brest en 1792, il préta serment à la République et remit à la voile dans la division de La Touche-Tréville expédiée à Naples. Il prit part à l'attaque contre Cagliari (15-16 février 1793),

cher [1], Baillif, Le Veneur, d'Hérouville, La Tullaye, chevalier de Tréourret, Saint Simon.

JOURNAL DE BORD DE L' « UNION »

(Fragments)

« Le 15 mars 1767, on a commencé l'armement du vaisseau à Brest. Du 15 au 27, les jours se sont passés à l'armement. Le 30 mars, on a passé la revue. Le 7 avril, les vents de la partie du nord, joli frais, à six heures, l'on a fait le signal de désafourcher ; à onze heures et demie, on a mis sous voiles, ainsi que la *Lunette*....

Le 7 avril, à quatre heures, nous avons mis en panne, pour attendre le *Sincère*, qui nous a rejoints à environ neuf heures....

Le jeudi 16 avril 1767, mouillé dans la baie de Cadix, à six heures et demie. A sept heures, le chebeck du roi *le Rusé*, commandé par M. du Gasquet, lieutenant de vaisseau, est mouillé dans la rade.

Le 18, la *Biche*, commandée par M. d'Orvès, capitaine de frégate, y est aussi mouillée. Il ne s'est rien passé de remarquable jusqu'au jeudi 23 août, que nous avons appareillé pour Saphie (Saffi). La *Lunette* est partie le 22 pour nous y annoncer....

Le jeudi 23 avril, à six heures du matin, commencé à virer au cabestan pour désafourcher. Sur les sept heures, la chaloupe avait levé l'ancre. A midi, nous avons appareillé....

Du 25 au 26 avril.... nous nous sommes trouvés à vents de terre et nous avons fait route, gouvernant toujours au sud du compas. Sur les une heure après midi [le 26] nous avons mouillé devant Saphie....

---

où son vaisseau, le *Duguay-Trouin*, fut particulièrement engagé. Trogoff, grièvement blessé dans ce combat, fut promu au grade de contre-amiral et reçut le commandement de toutes nos forces navales dans la Méditerranée.

Trogoff, qui avait vu d'un œil favorable les débuts de la Révolution, fut indigné de ses excès, particulièrement de la mort du roi, et devint bientôt suspect aux clubs qui gouvernaient Toulon. Il fut mêlé aux divers événements qui agitèrent alors cette ville, et même accusé à tort de trahison comme ayant participé à la reddition de la ville et de son escadre aux Anglais en 1793. Il mourut au mois de février 1794, sur le *Commerce de Marseille*, en rade de Porto-Ferrajo (île d'Elbe), emportant dans la tombe le secret de sa conduite en cette circonstance. Le bruit courut qu'il avait été empoisonné.

[1] M. du Rocher. Probablement *du Rocher*, vicomte *de Saint-Riveul*, qui devint chef de division des armées navales en 1786.

*

Nous avons resté mouillés dans cet endroit jusqu'au 4 mai, que nous nous sommes approchés de terre et y avons mouillé par vingt et une brasses, fond de sable....

Le même jour, à quatre heures, M. de Brugnon descendit dans son canot pour aller à terre et fut salué, en sortant du bâtiment, de vingt et un coups de canon et de trois salves de mousqueterie. La frégate et les autres vaisseaux qui étaient en rade saluèrent à l'exemple du vaisseau.

Quand nous fûmes rendus à terre, nous eûmes, sur la grève, le coup d'œil de la cavalerie maure qui jouèrent [1] la poudre devant nous. Ils excellent dans cet exercice et manient leurs chevaux avec la plus grande dextérité. Depuis la grève jusqu'à la maison de M. Salva [2], où M. de Brugnon avait pris son logement, nous fûmes fort incommodés par la cavalerie maure qui nous tiraient leur mousqueterie aux oreilles, pour nous faire plus d'honneur.

Le 11 du mois de mai, au matin, M. de Brugnon se prépara à partir pour Maroc, et, environ les quatre heures du soir, il se mit en chemin accompagné de MM. le comte de Durfort, de Suffren, de Grieux, de Lusignan, de Cumont, de Durfort, lieutenants de vaisseaux ;

De Goué, capitaine de Vermandois ;

De Kerolvet, de Gourmont, de Vigni, de Blenac, enseignes de vaisseaux ;

De Calonne, de Guichen, de Montluc, des Cars, gardes de la marine ;

Ainsi que de huit musiciens et de vingt-deux bombardiers [3], pour donner une idée au roi de Maroc des troupes de France.

Nous fîmes trois lieues ce jour-là et fûmes camper dans une plaine nommée Avac-ham-zma [4], où il y avait de fort mauvaise eau. Le lendemain, nous étant mis en chemin à six heures du matin, nous fûmes, jusqu'à trois heures du soir, à cheval sans manger, et sous la plus grande chaleur du jour. Nous arrivâmes

[1] Cette faute existe dans le manuscrit original : j'ai cru bon de le transcrire exactement avec ses incorrections de langage.

[2] *M. de Salva* était un négociant français de Marseille établi au Maroc.

[3] Les bombardiers, soldats employés à la manœuvre des bombardes, des mortiers, des obusiers, etc., formaient, au XVIIIe siècle, une troupe d'élite, portant un très brillant uniforme.

[4] Le nom de cette plaine n'est-il pas défiguré ? ne serait-ce pas plutôt Dj-Fathnassa ?

auprès d'un grand lac [1] où étaient rangées toutes les troupes de la province Bredemarque [2] qui s'y étaient assemblées pour nous faire honneur à notre passage. L'eau, auprès de ce lac, est saumâtre et, par conséquent, fort mauvaise.

Le lendemain, ayant plié nos tentes, nous nous sommes mis en chemin et avons été dîner à Bobouef (?), où nous trouvâmes de fort bonne eau. Cet endroit est à quatre lieues de celui où nous avions couché le soir.

Le lendemain, 14, nous avons été camper à l'entrée d'une gorge de montagne, dans un endroit nommé Mafougoura [3], après avoir fait quatre ou cinq lieues. Nous trouvâmes, dans cet endroit, les arbres que l'on nomme acacias véritables, ou qui portent la gomme d'Arabie. Ils nous firent grand plaisir, car ils nous donnèrent une ombre fort agréable.

Là, le bacha chargé par le roi de nous conduire à Maroc voulut absolument que nous missions nos tentes à côté des siennes, par la crainte qu'il avait des voleurs, et fit faire toute la nuit une garde fort exacte et fort bruyante, tirant des coups de fusil de temps en temps et poussant de grands cris, tant que dura la nuit.

Le lendemain, ayant fait environ quatre lieues, nous trouvâmes la rivière de Tansif [4], que nous passâmes à gué, et fûmes camper de l'autre côté, dans un endroit où il y avait quelques palmiers, Benhen (?). Le soir, il vint plusieurs esclaves français qui étaient à Maroc nous voir.

Le lendemain, comme nous n'étions plus qu'à deux lieues de Maroc, nous nous préparâmes à y entrer dans cet ordre, sur deux files.

Les valets de chambre et laquais de M. de Brugnon à la tête.

Droite	*Gauche*
Quatre musiciens.	Quatre musiciens

M. de Lusignan.

[1] Ce grand lac est le lac Zima.

[2] *Bled-el-Makhzen*, ou pays soumis, par opposition au *Bled-el-Siba*, ou pays qui refuse l'impôt ou ne le paie que par force.

[3] La montagne dont il est question ici fait partie du massif qui borde le Tensift. C'est une ramification de la chaîne de l'Atlas, au pied de laquelle s'étend une plaine très fertile, arrosée par le fleuve.

[4] Lire *Tensift*, fleuve qui se jette dans l'Océan Atlantique.

MM. de Montluc.	MM. des Cars.
de Calonne.	de Guichen.
Le coureur.	
L'ambassadeur.	
de Durfort.	le consul.
de Suffren.	de Grieux.
de Durfort.	de Cumont.
de Goué.	de Kerolvet.
de Vigni.	de Blenac.
Dérouville.	de Grandmaison.
Le vice-consul	le secrétaire.

La marche est fermée par la suite des officiers à la suite (*sic*).

A une demi-lieue environ de Maroc, Muley-Dris [1], cousin du roi et son premier ministre, vint, ayant à sa suite quatre ou cinq cents hommes, nous féliciter sur notre arrivée, de la part du roi. A midi, nous nous trouvâmes tout près de Maroc, et, ayant côtoyé ses murs, nous fûmes camper dans les jardins du vieux château, où Muley-Dris nous conduisit lui-même.

C'est un endroit fort agréable, rempli de toutes sortes de fruits. Au bout du jardin sont, effectivement, les ruines d'un château. dont l'ancienneté est fort grande, où habitait Muley-Ismaël [2], l'aïeul du roi régnant, que les Arabes du pays ont détruit *(sic)*.

Le 18 du même mois, nous avons été, le matin, faire une visite au premier ministre, pour tâcher d'avoir notre première audience, que nous eûmes, effectivement, le soir du même jour. En conséquence, à trois heures, nous nous sommes mis en marche pour y aller, précédés des bombardiers dont nous voulions donner le coup d'œil au roi [3]. Environ à deux portées de fusil

[1] *Mouley*, de l'arabe *Maulai*, qui veut dire : *mon maître*, est un titre porté par presque tous les sultans shérifs du Maroc. Les historiens écrivent le plus souvent *Muley*. Le cousin et premier ministre de l'empereur du Maroc, nommé ici *Muley-Dris*, s'appelait réellement *Mouley-Edris*, du nom du patron et fondateur de la ville de Fez (808 après J.-C.), dont la mémoire est en grande vénération au Maroc, et spécialement en cette ville, où se trouve la grande mosquée dite : *Zaouïa de Mouley-Edris*.

[2] *Mouley-Ismaël*, sultan shérif du Maroc, né et mort à Fez (1646-1727), fut un souverain habile et triompha, tour à tour, des Turcs, des Anglais, à qui il prit Tanger, des Espagnols et de plusieurs insurrections. Il entra en relations diplomatiques avec Louis XIV, à qui il fit même demander la main de la princesse de Conti. Mouley-Ismaël conclut un traité de commerce avec la France et créa la célèbre milice des nègres.

[3] Le roi ou empereur du Maroc était, en 1767, *Sidi-Mohammed* qui, né vers 1712, mourut à Rabah en 1790. Il avait succédé, en 1757, à son père Muley-

de lui, on nous fit arrêter pour nous prévenir de ne cracher ni ne moucher devant lui.

Nous étant ensuite avancés, nous l'avons vu qui nous attendait monté sur un très beau cheval noir, entouré de ses fils et de la plupart des officiers de la couronne. A droite et à gauche étaient deux Maures qui portaient chacun une de ses lances, et, à la droite de son cheval, un autre qui portait son parasol qui est, dans ce pays, qu'il n'y a que le roi et les princes, ses enfants, qui ont le droit d'en porter [1].

Ayant fait une profonde révérence, et M. de Brugnon ayant dit le sujet de sa mission, qu'il était venu pour la paix et pour traiter du rachat des prisonniers, le roi lui a fait dire qu'il était le bienvenu et qu'il le voyait avec le plus grand plaisir, que ce n'était pas de ce jour-là qu'il avait recherché l'amitié du roi de France, qu'il avait tâché de l'avoir, il y a environ dix ans [2], et qu'il nous eût été d'une très grande utilité, dans notre guerre contre les Anglais, parce que, en étant dans ce temps-là fort mécontent, il eût pu empêcher la communication de l'Océan et de la Méditerranée.

Le roi ayant paru désirer d'entendre jouer la musique, M. de Brugnon la fit avancer. Le roi parut faire grande attention aux bombardiers, pendant toute l'audience, qui finit après que l'on eut présenté au roi la lettre du roi de France et les magnifiques présents dont on était chargé pour lui.

Aussitôt le roi envoya Muley-Dris nous conduire jusqu'à nos tentes. M. de Brugnon et Muley-Dris ayant arrangé toutes les affaires, le 28 du mois nous avons eu notre audience de congé et permission de partir de Maroc quand nous voudrions.

En conséquence, le 2 du mois de juin, nous nous sommes remis en chemin pour Saphy et y sommes arrivés le 6, sans aucun événement considérable.

---

abd-Allah, et eut toujours à cœur de civiliser le Maroc et de vivre en paix avec les nations chrétiennes, avec lesquelles il conclut plusieurs traités de commerce. Il fonda, en 1760, la ville de Mogador, mais l'élévation malencontreuse des droits de douane lui amena une guerre avec le Portugal et l'Espagne. Plusieurs insurrections troublèrent aussi ses derniers jours, et l'une d'elles, conduite par son fils Muley-Yézid, lui coûta le trône.

[1] Le parasol étant, au Maroc, un signe de souveraineté, est réservé au sultan, et l'on considère même comme inconvenant de se servir d'ombrelle dans la ville où réside ce souverain.

[2] Pendant la guerre de Sept ans.

. Le lendemain, presque toute la suite de M. de Brugnon est venue à bord et il s'y est rendu lui-même le 18 du mois. A son arrivée, on l'a encore salué de vingt et un coups de canon et de trois salves de mousqueterie.

DESCRIPTION DE SAPHIE [1]

« La ville de Saphie, qui est une des plus belles villes de la baie, est bâtie en amphithéâtre, et a une fort belle apparence de la rade. Mais, en y entrant, on perd beaucoup de l'idée que l'on s'en était faite.

Au haut est le palais de Muley-Ab-Racman, quatrième fils du roi de Maroc, que son père a fait gouverneur de Saphie. C'est un bâtiment fort vaste, mais il est fort peu éclairé.

Pour les sites de la ville, le coup d'œil, de près, n'est pas fort agréable, car elle a plutôt l'air des restes d'un incendie que d'une ville florissante. Cette ville paraît avoir été fortifiée, du temps qu'elle appartenait aux Portugais, car, suivant une remarque que j'ai faite, les armes du Portugal sont encore sur la porte du côté de Maroc.

Le débarquement y est fort difficile [2], car on ne peut pas se servir de ses propres canots pour y descendre et l'on est obligé de se mettre dans d'espèces de pirogues qu'ils mènent au travers des rochers, avec la plus grande dextérité.

Il y a, dans la ville, deux ou trois mosquées qui sont en dehors d'assez beaux bâtiments, car on ne peut pas juger du dedans, n'étant pas permis aux chrétiens ni aux juifs d'y entrer sous peine de la vie. Mais, à ce qu'on en voit par dehors, ce sont de vastes édifices peuplés de colonnes et où il y a des nattes étendues par terre.

---

[1] *Saffi* ou *Aspy* est une ville entourée de murs et la plus rapprochée de Maroc ; elle est située à dix-sept heures de Mogador. Sa population est de 10,000 habitants, dont 2,000 israélites. La rade de Saffi, ouverte aux vents du sud-ouest, est abritée de tous les autres côtés. Une barre peu étendue, près du rivage, contribue à rendre les communications des navires avec la terre très difficiles, et parfois impossibles en hiver, de décembre à avril, époque à laquelle règnent principalement les vents du sud et de l'ouest.

[2] Par suite de la barre. Voir la note précédente.

Description de Maroc [1]. — Caractère et habillement des Maures.

« Pour ce qui est de Maroc, c'est encore une exécration en comparaison de Saphie. La ville est divisée en deux : la première, que l'on appelle la Mulla, est l'endroit où demeurent les chrétiens et les juifs. Les Espagnols y ont un couvent composé de sept ou huit pères ou frères ; l'autre partie, que l'on appelle la Médine, est l'endroit où demeurent les Maures. Il est beaucoup plus joli que la Mulla [2] ; la seule chose de belle est le palais du roi, qui a l'air très vaste et fort beau. Dans l'enceinte est la fameuse mosquée où l'on prétend qu'il y a trois pommes d'or que l'on appelle les pommes du grand Al-Manzer [3]. Mais on dit que le roi

[1] *Maroc* ou *Marakech*, ancienne capitale du royaume de ce nom, est, comme Fez, la capitale du Maroc actuel. Cette ville a été fondée, en 1052, par les Almoravides et, au temps de sa splendeur, elle avait une population de 500,000 habitants (aujourd'hui 50,000). Ses murailles sont flanquées de grosses tours et environnées d'un large fossé, avec de grandes portes en arcades munies de herses de fer qui retombent, chaque soir, à l'entrée de la nuit. L'intérieur de la ville est sans alignement, les rues, de longueurs inégales, s'élargissent et se rétrécissent à différentes reprises et sont, en général, étroites et mal pavées, comme dans presque toutes les villes musulmanes. Les maisons n'ont guère plus d'un étage et peu ou point de fenêtres au dehors. Les croisées donnent sur une cour intérieure, ordinairement ornée d'une fontaine.

Aux notes de M. de Guichen nous ajouterons encore que l'on remarque à Maroc trois grandes mosquées et un grand nombre de petites. Les trois grandes se nomment : *El Katibin* (des écrivains), *El Moueddin*, et *Ali-Ben-Iousef*. Cette dernière est construite depuis plus de sept cents ans, et c'est sans doute celle qui possède les trois pommes d'or.... ou de cuivre du grand Al-Manzor.

La plus grande partie de l'enceinte de Maroc est occupée par le palais impérial, espèce de grande prison, à l'instar du sérail de Constantinople, et dont les murs ont environ quatre kilomètres de circonférence. C'est un assemblage de maisons, de pavillons et de corps de logis, entremêlés de cours et de jardins. Au-dessus de cette confuse agglomération, domine la tour de la mosquée qui fut bâtie par Mouleï-abd-Allah. Les principaux pavillons portent les noms des plus grandes villes de l'empire marocain.

[2] La *Mellah*, ou ville juive, ou Ghetto, dont l'enceinte a près de deux kilomètres de tour. La porte en est fermée pendant la nuit et les samedis, et gardée par un Kaïn. Les juifs seuls sont orfèvres, ferblantiers et tailleurs.

[3] *Al-Manzor* ou *Abou-Amer-Mohammed* est l'un des plus grands capitaines de l'Espagne musulmane, né en 939, près d'Algésiras (Andalousie), mort en 1001. Régent du royaume de Cordoue, il administra avec habileté les affaires civiles et militaires, remporta de nombreuses victoires et porta ses armes jusqu'en Afrique. C'est sans doute à ce grand capitaine qu'appartinrent autrefois les pommes d'or de la mosquée de Maroc. Peut-être furent-elles une sorte d'ex-voto ?

les a fait enlever et qu'il a mis à leur place des pommes de cuivre.

Les Maures, en général, nous ont paru fort affables, mais intéressés au possible, et un peu voleurs. Leur soumission pour leurs princes est si grande que, dans toutes choses qu'ils leur disent, ils répètent toujours ces mots : *Na ma sidi*, qui veulent dire : *Oui, seigneur*, ou bien un autre qui veut dire : *Que Dieu conserve la tête de notre seigneur* [1].

Ils sont aussi fort paresseux, car, s'ils voulaient, ils auraient de tout dans leur pays, la terre y étant fort fertile, puisque le blé y vient, à peu près sans culture, dans presque tous les lieux [2]. Pourtant l'herbe est brûlée par l'ardeur du soleil, ce qui fait une fort bonne nourriture pour les chevaux.

L'habillement des Maures consiste dans une espèce de chemise qui a la manche fort large et qu'ils retroussent sur leurs épaules, surtout en été. Sous cette chemise est un caleçon qui descend un peu plus bas que les genoux et leur laisse les jambes nues. Ils n'ont point de souliers, mais ils portent une espèce de pantoufle que l'on nomme *babouche*.

Au-dessus de leurs chemises, ils portent un habit qui n'a pas de manches et qui s'appelle un *caftan*. Ils le portent de la couleur qu'ils veulent. Cette veste est ceinte d'une écharpe de soie, ou de maroquin, d'où pend un couteau dont ordinairement la gaine est d'argent, ou de cuivre. Ils portent, au-dessus de leur caftan, une pièce d'étoffe de laine blanche que l'on appelle *haïk*, dont ils se couvrent la tête et tout le corps. Cette pièce a quelquefois jusqu'à cinq ou six aunes de long, sur une ou deux de large. Étant habillés comme cela, ils ressemblent aux figures que l'on donne aux apôtres dans les estampes.

Par-dessus cet habillement, ils mettent, quand il fait froid, un manteau de drap que l'on appelle *salem*, qui est bordé d'une

[1] *Allah ibarca fi amer Sidna :* « Que Dieu bénisse les jours de notre maître. » Ces mots forment l'acclamation, usitée encore de nos jours, des Marocains en présence de leur souverain.

[2] La plaine du nord-ouest du Maroc, inclinée vers l'Océan, pourrait être d'une grande fertilité. Mais les Marocains méritent, encore actuellement, le reproche de paresse que leur adresse le jeune de Guichen, en 1767. « Le sol, à peine gratté de loin en loin par la pointe du soc d'une charrue rudimentaire, a presque partout l'aspect d'une terre vierge ; près de l'Océan s'étendent d'immenses prairies entrecoupées de marécages. » (Duveyrier.)

frange d'où pend, par derrière, un capuchon avec une houppe au bout.

Départ de Saphie

« *Juin.* — *A bord de l'Union.* — Il ne s'est rien passé de remarquable depuis le départ de M. de Brugnon. Le 13 de ce mois, il est revenu à bord et a été salué de vingt et un coups de canon et de trois salves de mousqueterie. Les gardes de la marine, et toutes les troupes du vaisseau, étaient sous les armes pour le recevoir....

Le mardi 23 juin, à six heures du matin, nous avons désafourché, et le soir, à six heures et demie, relevé notre grande ancre et appareillé, toutes voiles dehors.

. . . .

Du dimanche 28 au lundi 29. — A dix heures, nous avons passé un bâtiment venant de Marseille et allant à Saphy. Il était chargé pour le compte de MM. Paul et Salva, négociants français établis en ce pays.

. . . .

Du jeudi 2 au vendredi 3 juillet. — ....Vu, le jeudi à huit heures, quatre bâtiments qui paraissaient marcher en escadre. A deux heures, voulant savoir de quelle nation ils étaient, on a tiré un coup de canon et mis pavillon blanc. Aussitôt ils ont mis pavillon espagnol.

. . . .

Du 20 au 21 juillet. — ....A midi, nous avons vu l'île d'Ouessant.... nous en estimant éloignés à vue d'œil de trois ou quatre lieues. A deux heures, nous nous trouvions dans son travers... A quatre heures, nous avons entré dans le goulet et avons mouillé à six heures.

. . . .

Dès que nous avons été mouillés, M. de Brugnon a envoyé le major à terre, informer le commandant de notre arrivée. Mais on ne l'a pas laissé entrer dans le port (de Brest). Un instant après est arrivé un canot, avec un sergent-major, nous signifier, de la part du commandant, de n'avoir aucune communication avec personne du dehors, et de ne laisser aborder aucun canot. Puis, le soir, la santé est venue à bord et nous a dit, en observant de se tenir toujours sous le vent, de faire quatre jours de quarantaine.

Le lendemain, nous avons commencé à dégréer nos mâts.

Le 26 juillet, nous avons entré dans le port. Le 30, on a passé la revue et congédié l'équipage. »

LE TRAITÉ CONCLU EN 1767

Extrait de la lettre écrite par M. le duc de Praslin [1], ministre d'État, datée de Fontainebleau, le 13 octobre 1767, à M. le Brun, commissaire général de la marine, ordonnateur au département de Nantes.

« L'objet que le roi a eu principalement en vue, Monsieur, en faisant le traité de paix avec le roi de Maroc a été de procurer aux sujets et bâtiments français la liberté de la mer, et la sûreté de la navigation et du commerce. Sa Majesté ayant désiré que les négociants et navigateurs fussent instruits des articles et conditions qui ont été insérés dans ce traité, relativement à ces deux points, je vous envoie, à cet effet, le précis ci-joint pour leur en donner connaissance, par ordre de Sa Majesté.

« Je vous préviens, en même temps, qu'Elle a jugé qu'il suffisait, quant à présent, d'envoyer en ce pays le sieur Chénier [2], en qualité de consul général de la nation. Sa résidence n'est point encore fixée et il s'est établi provisoirement à Saffy. »

Signé : Le duc DE PRASLIN.

Pour copie : LE BRUN.

---

[1] Le duc de Praslin. *César-Gabriel de Choiseul, duc de Praslin*, né et mort à Paris (1712-1785), était alors ministre de la marine dont il avait pris le portefeuille en 1766. Il accrut la flotte, agrandit et fortifia le port de Brest, et régénéra l'artillerie de marine. Il était membre honoraire de l'Académie des sciences.

[2] Le sieur Chénier. *Louis de Chénier*, diplomate et historien, naquit à Montfort (Aude), en 1722, et mourut à Paris en 1795. Il est le père du célèbre poète André Chénier (1762-1794).

D'abord employé chez un drapier français de Constantinople, Louis de Chénier épousa dans cette ville Élisabeth Santi-Lomaca, dont il eut quatre fils et une fille. En 1765, il revint en France et fut, en 1767, nommé consul au Maroc, où il resta quinze ans. A son retour, il fut mis à la retraite et écrivit des *Recherches historiques sur les Maures* ; l'*Histoire de l'empire du Maroc* (1787) ; les *Révolutions de l'Empire ottoman* (1787) ; des *Idées pour un cahier du tiers état de la ville de Paris* (1789).

Quand, en mars 1794, on arrêta son fils André, Louis de Chénier fit auprès du Comité de salut public des démarches qui ne firent que hâter la condamnation du poète. Il mourut peu après.

Précis du traité conclu au nom du roi avec l'empereur du Maroc et signé par M. le comte de Breugnon, capitaine de vaisseau et ambassadeur de Sa Majesté, le 28 mai 1767.

« Les principaux articles portent une entière liberté de commerce pour les bâtiments et sujets de France, dans les ports et pays de la domination de Maroc ; leur donnent faculté de prendre sans opposition les vivres, provisions, agrès et autres choses de ce genre dont ils pourraient avoir besoin, en les payant seulement aux prix courants ; leur laissent la liberté d'entrer et de sortir desdits ports à leur gré, et sans contrainte, et d'emporter les effets et marchandises invendues, sans payer les droits de douane que pour celles qui auraient été vendues ; stipulent qu'aucun capitaine français ne sera tenu de rien charger à son bord ni d'entreprendre aucun voyage contre sa volonté. Il y est expliqué que les consuls de France, seuls, pourront disposer des effets et successions des Français, en cas de mort, ainsi que de tout ce qui aura rapport au sauvetage des bâtiments naufragés, dont il n'y aura que les effets qui auront été vendus, sujets à acquitter les droits de douane ; il est convenu, en même temps, que ces droits ne seront pas fixés à un taux déterminé, pour ne mettre aucune différence entre les nations étrangères qui ont de semblables traités ; mais que les Français, en se conformant à cet égard aux droits de douane établis dans le Maroc pour les sujets et pour les étrangers, ne les paieront que sur le même pied, et de la même manière que la nation la plus favorisée.

« Pour la reconnaissance des bâtiments en mer, il est stipulé que les corsaires armés sous pavillon de Maroc ne pourront arrêter ni visiter aucun bâtiment français et se borneront à exiger la représentation du passeport de l'amirauté, que le capitaine sera tenu d'exhiber, lesdits corsaires devant être munis d'un modèle en blanc pour pouvoir le confronter ; que, d'autre part, il sera délivré aux mêmes corsaires un certificat du consul français, conforme au modèle ci-après, pour se faire reconnaître aux capitaines français.

« En cas de guerre de la France avec d'autres nations, la protection du territoire et la loi des vingt-quatre heures, observée entre les puissances de l'Europe, aura lieu au Maroc pour les

Français. Ils jouiront également d'un terme de six mois pour se retirer avec leurs effets, si jamais il arrivait une rupture entre la France et le Maroc.

« Le libre exercice de la religion est accordé aux Français, et leur consul sera seul juge, en première instance, des différends qui surviendront entre eux. En cas de discussions avec les Maures, l'empereur de Maroc seul, ou des officiers préposés par ce prince, en connaîtront à l'exclusion des cadis, ou juges locaux.

« Les Français sont expressément affranchis de fournir aucune munition de guerre, poudre, armes et autres choses généralement quelconques, servant à l'usage de la guerre ; et Sa Majesté leur défend d'en faire aucun objet de commerce, ou de donations. »

FORMULE DU CERTIFICAT DU SIEUR...., CONSUL DE LA NATION
FRANÇAISE AU MAROC

« Nous ..., consul de la nation française à...., certifions à tous qu'il appartiendra que le.... nommé.... commandé par.... du port de.... ou environ, étant, de présent, au port et havre de...., appartient aux sujets de l'empereur de Maroc, et est armé de....

« En témoin de quoi, nous avons signé le présent certificat et apposé le scel de nos armes.

« Fait à...., le.... jour de.... »

BESANÇON. — IMPRIMERIE JACQUIN.